그리스도인의
선교적 삶

반복된 일상, 선교적 가치를 찾는 10분

석용욱의
그림묵상

30 days

글/그림 석용욱

처음과나중

선교사가 꼽는 가장 모범적인 선교사는 아브라함입니다. 낯선 땅에서 하나님을 예배하며 삶으로 현지인들에게 하나님을 계시했기 때문입니다. 하나님은 그런 아브라함의 삶을 마음껏 축복하셨지요. 마침내 인생 말년, 아비멜렉과 동맹을 맺으며 오랜 시간 그의 삶을 지켜본 이방인 왕의 입술을 통해 이런 고백을 듣게 됩니다.

네가 무슨 일을 하든지 하나님이 너와 함께 계시도다 - 창세기 21:22

하지만 아브라함은 엄밀히 말해 성직자가 아니었습니다. 그는 목축업자였고 이주민이었으며 비주류 부족의 족장이자 한 가정의 가장일 뿐이었지요. 복음 전도를 업으로 삼은 바울과 달랐고 성전에서 생활하는 전문 제사장도 아니었습니다. 남의 땅에 얹혀 살며 하루하루를 성실히 살아 낸 자였지요. 그는 여러분과 같은 평범한 신앙인이었습니다. 그렇기에 그의 삶은 '선교사의 삶'이 아닌 **'선교적 삶'**이었습니다.

'선교적 삶'이란 무엇일까요? 그리스도인은 세상에서 빛과 소금으로 살아야 한다고 합니다. 빛은 그 활동이 가시적으로 드러나지만 소금은 녹아 없어지지요. 어쩌면 선교적 삶이란 소금처럼 녹아드는 것에 더 가깝지 않을까요? 눈에 보이지는 않지만 맛으로 엄연히 존재하는 삶. 직업이 선교사가 아니더라도 선교사의 심장으로 일터와 생활에 녹아들어 그리스도의 맛을 내는 삶 말입니다. 결국 선교란 성직자에게 부여된 특별한 사명이 아닌 모든 그리스도인에게 부여된 '삶의 방식'입니다.

아브라함의 생애 전체를 봐도 그렇습니다. 표면적으로는 눈부신 드라마로 가득 차 보이지만 175년의 삶 전체가 그랬을까요? 아닙니다. 매일매일이 눈부신 순간으로 가득한 사람은 없습니다. 사실상 그런 순간은 손에 꼽을 정도지요. 대부분은 반복적인 업무와 자녀 교육, 이웃과의 조율 등 비종교적 일상으로 가득했습니다. 그런 비종교적 일상 속에서 구별된 시선과 기준으로 하루하루를 녹여 냈기에 결정적인 순간 눈부신 드라마도 연출할 수 있었던 것입니다. 그런 의미에서 아브라함의 삶을 '선교적 삶'이라고 말하는 것입니다.

이번 묵상집은 우리 주변의 익숙한 생활 속에서 묵상의 소재를 가져왔습니다. 무심코 흘려보낸 나의 일상이 하나님을 예배하는 묵상의 도구임을 발견하게 하기 위함입니다.

나의 비종교적 일상도 다른 시선과 기준으로 해석하며 살아간다면, 언젠가 우리도 아브라함과 같이 소금처럼 녹아드는 선교적 삶을 살아 낼 수 있지 않을까요? 그런 하루가 차곡히 쌓이면 우리도 눈부신 드라마는 아니어도 반짝이는 에피소드 정도는 남길 수 있지 않을지…. 거기서 더 운이 좋으면 하나님을 모르는 주변인으로부터 "너를 보니 하나님이 살아 계신 것 같다"는 고백을 듣게 될지도 모릅니다. 상상만으로도 가슴이 벅차오릅니다. 내 삶을 통해 드러나는 하나님.

이번 묵상집이 당신의 선교적 삶을 위한 자극제가 되길 기대하며, 당신이 걷게 될 30일을 축복합니다.

Contents

책의
효과적인
활용 팁

책의 구성

1. 그림과 에세이 2. 질문과 적용 3. 묵상 노트 4. 기도

- 그룹 혹은 개인의 필요에 따라 활용하십시오.
- 경건의 습관화를 위해 일정한 시간에 지정된 장소에서 하시길 권장합니다.
- 시작 전 기도로 성령의 은혜와 도움을 구하십시오.

1. 그림과 에세이

천천히 읽고 묵상하세요. 생각 속에서 일하실 하나님을 기대합니다.

2. 질문과 적용

정해진 답은 없습니다. 본인의 생각을 편안히 적으세요.

글로 적음으로써 생각을 더 명료하게 정리해 봅시다.

구체적으로 실천할 그날의 적용점을 찾으세요.

(적용점을 찾는 것은 마치, 단순히 음식을 섭취만 하는 것이 아니라

잘 소화시켜 영양소가 되도록 만드는 과정과 같습니다.)

3. 묵상 노트

앞뒤 전후로 깊이 묵상하며 맥락과 주제를 함께 파악하시길 권장합니다.

성경 공부를 함께 진행하면 더욱 좋습니다.

4. 기도

조용히 기도문을 읊거나 개인적인 감사 기도로 묵상을 마무리하십시오.

Chapter 1

일상의 계시

Chapter 1 일상의 계시

불 켜진 방

예수를 믿으면
불편해진다

불 꺼진 방에서는
그동안 어떻게 지내 왔는지 알 수가 없었습니다.
성령이 불을 켜시자 그제야 깨달아지더군요.
양심의 방에서.

"야, 예수 믿으니까 점점 불편해진다."

막 교회에 출석하기 시작한 외삼촌께서 하신 말씀입니다. 즐겨하던 술, 담배를 예전처럼 편히 즐길 수 없답니다. 자꾸 고민하게 된다나요? 교회의 목사님도, 전도사님도, 장로님도 교회에 갓 출석한 외삼촌의 흡연과 음주를 지적하신 적이 없는데 이상한 불편함을 느끼기 시작했다고 말씀하셨습니다. 이전처럼 내키는 대로 행동할 수 없게 되어 버렸다는 말이죠.

술, 담배를 하지 않는 나 또한 마찬가지입니다. 외삼촌과는 다른 이유로 불편해집니다. 왜 그렇게 말실수했던 과거 기억이 떠오를까요? 정작 당사자는 아무 말도 없는데 나 혼자 후회하며 이불 킥을 한 날이 수도 없습니다. 도대체 내 안에서 무슨 일이 일어나고 있는 것인지…

성령이 내 안에 거하시면 새로운 고민이 시작됩니다. 배려하지 않던 행동과 내키는 대로 뱉던 말들, 옛 습관들이 수면 위로 자연스럽게 떠오르는 것이죠. 성령께서 마구 지적하시는 것이 아닙니다. 빛 가운데 자연스럽게 드러날 뿐이지요. 드러나면 보이게 되고, 보이면 고민하게 되며, 고민하기 시작하면 불편해집니다. 성찰과 반성. 성화의 시작점에 선 것입니다.

1 신앙생활을 시작한 후 마음에 걸림이 되는 행동이나 언어,
습관들이 있습니까?

2 오늘 내가 성찰하고 점검해야 할 부분은 무엇인가요?

오늘의
적용 / 실천

📖 묵상 노트

우리가 다 하나님의 아들을 믿는 것과

아는 일에 하나가 되어 온전한 사람을 이루어

그리스도의 장성한 분량이 충만한 데까지 이르리니

이는 우리가 이제부터 어린아이가 되지 아니하여

사람의 속임수와 간사한 유혹에 빠져

온갖 교훈의 풍조에 밀려 요동하지 않게 하려 함이라

오직 사랑 안에서 참된 것을 하여 범사에 그에게까지 자랄지라

그는 머리니 곧 그리스도라

에베소서 4:13~15

하나님.
작은 죄에도 고민하며 괴로워하는
맑고 투명한 마음을 갖게 하소서.
당신을 알아 갈수록 거룩하고 정결해지는
내가 되게 하소서.

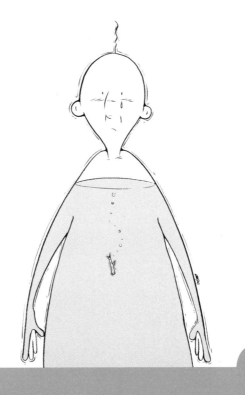

Day 2

부부는 남남

성화는 과정이다

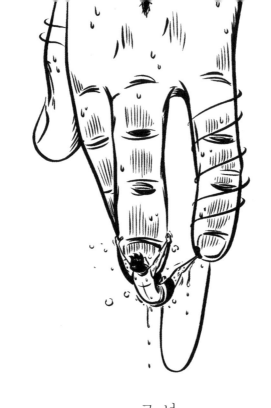

너무 높은 이상이라는 거 알아.
그래도 포기하지는 마.

부부는 일심동체라는 헛소리. 남남으로 긴 세월을 살아온 두 사람이 어떻게 한 몸이 될 수 있을까요? 물리적으로나 심리적으로 불가능한 이야기입니다. 오히려 건강하고 개별적인 두 몸으로 살아가는 것이 부부간의 문제를 바르게 직시하는 현실적 접근일지도 모르겠습니다.

그렇다고 하나가 되기 위한 노력마저 포기해야 할까요? 그건 아닙니다. 하나가 될 수 없다는 것을 알면서도 포기하지 않고 애쓰는 것이 부부입니다. 그렇게 노력하다 누군가 먼저 세상을 떠나는 날, 전날보다 서로 한 뼘 더 닮아졌노라 고백한다면 그것만으로도 성공한 부부인 셈입니다.

'성화'도 마찬가지입니다. 우리가 어떻게 예수님을 닮을 수 있을까요. 죄인의 유전자를 지니고 태어나 자기 사랑으로 똘똘 뭉친 우리가… 죽기까지 순종하신 그분을 닮는다는 것은 사실상 불가능합니다.

그렇다고 노력마저 포기해서는 안 되지요. 평생을 애써야 합니다. 그렇게 애쓰다 이 땅에서의 마지막 날, 어제보다 오늘이 예수님과 조금 더 닮아 있노라 고백할 수 있다면 성화의 삶을 살아 낸 것입니다. 성화는 완성이 아닌 과정이기 때문입니다.

1 나는 어떤 과정에 있다고 생각하나요?

① 영적 신혼기 ② 영적 성장기 ③ 영적 성숙기 ④ 영적 사명기

2 그 과정에 있다고 생각하는 이유는 무엇입니까?

오늘의
적용 / 실천

📖 묵상 노트

너희는 너희가 하나님의 성전인 것과 하나님의 성령이
너희 안에 계시는 것을 알지 못하느냐

고린도전서 3:16

무릇 더러운 말은 너희 입 밖에도 내지 말고
오직 덕을 세우는 데 소용되는 대로 선한 말을 하여
듣는 자들에게 은혜를 끼치게 하라
하나님의 성령을 근심하게 하지 말라
그 안에서 너희가 구원의 날까지 인치심을 받았느니라

에베소서 4:29~30

예수님.
당신을 너무 닮고 싶은데
이 또한 내 힘으로 되지 않습니다.
예수님을 닮는 것 또한 예수님께 의지합니다.
나를 이끄소서.

알레르기의 원인

모르는 것을 아는 것

사람들 앞에서 온갖 아는 척을 다 해 보지만
실상 나는 내 마음조차 잘 모르는 사람입니다.

답답한 날들의 연속이었습니다. 알레르기(allergy)로 수년간 고생했기 때문입니다. 여러 병원을 전전했지만 약 처방만 받을 뿐 근본적인 원인은 찾을 수 없었습니다. "알레르기에는 여러 가지 원인이 있는데 복합적인 화학 작용과 내 몸의 체질이 반응함으로써 어쩌고저쩌고…." 의사들의 대답은 한결같았지요. 원인을 모른다는 말인데 대놓고 말하기 민망했는지 애매한 설명을 늘어놓았습니다. 그러던 중 어느 한의사 선생님과 연이 닿게 됐습니다. 선생님은 첫 검진부터 원인을 모르겠다며 의사라고 다 아는 건 아니니 인내심을 갖고 함께 찾아가 보자고 말씀해 주셨습니다. 이제껏 받은 진료 중 가장 신뢰가 갔습니다. 모르는 것을 알고 그것을 진솔하게 인정하는 진료였으니까요. 어디서부터 알아 가야 하는지 시작점만큼은 분명히 알고 있었기 때문입니다.

"내 인생, 어디로 가는지 나도 모르겠어요…." 정답입니다. 대단한 지식을 갖춘 듯해도 내 작은 감정조차 인지 못 하는 게 사람이니까요. 모든 답을 아시는 하나님. 그분을 가까이하면 됩니다. 하나님 앞으로 나아가는 것이 모든 문제의 해답을 찾는 시작점입니다.

1 지금 내 인생의 중요한 고민은 무엇인가요?

2 기도문으로 그 고민을 적어 봅시다.

📖 묵상 노트

내가 주께 감사하옴은 나를 지으심이 심히 기묘하심이라

주께서 하시는 일이 기이함을 내 영혼이 잘 아나이다

내가 은밀한 데서 지음을 받고 땅의 깊은 곳에서 기이하게

지음을 받은 때에 나의 형체가 주의 앞에 숨겨지지 못하였나이다

내 형질이 이루어지기 전에 주의 눈이 보셨으며

나를 위하여 정한 날이 하루도 되기 전에

주의 책에 다 기록이 되었나이다

시편 139:14~16

하나님을 더 알아 가고 싶습니다.
그 과정에서 나 자신도 더 알기 원합니다.
오늘도 당신을 알아 가는
하루가 되게 하소서.

선수와 해설가

아는 대로 사는 것

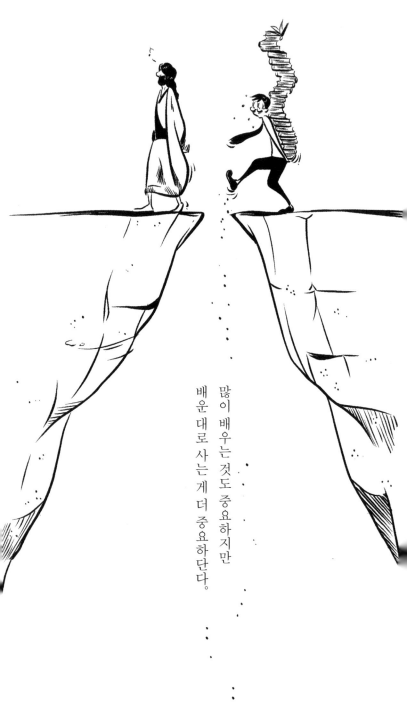

많이 배우는 것도 중요하지만
배운대로 사는 게 더 중요하단다.

해설가는 선수가 아닙니다. 방대한 데이터로 선수를 분석하고 경기를 보는 이에게 통찰력을 제공하지만 선수 대신 경기를 뛰어 줄 수는 없기 때문입니다. 숨이 턱밑까지 차오르고, 넘어졌다 일어서기를 반복하며 온몸에 멍이 드는 것은 선수 자신입니다. 해설가의 지식이 아무리 탁월해도 경기장에서 선수 대신 숨이 차거나 멍들어 줄 수는 없는 법이니까요.

어쩌면 이 간극에 그리스도인의 '착각'이 존재하고 있을지도 모릅니다. 성경 지식이 풍부하고 교회 생활에 익숙하기에 그리스도인으로 '살고 있다'는 착각. 하지만 진리를 살아 내는 과정에서 부딪혀 멍든 흔적이 없다면 '살고 있다'고 단호히 말할 수 없을 것입니다. 아는 것과 사는 것 사이의 간극은 생각보다 크고 깊기 때문입니다.

물론 해설자의 역할을 비하하거나 지식이 무용하다고 말하는 것은 아닙니다. 아는 것은 사는 것의 기반이 되지요. 지식은 우리 삶에 필수적이며 중요한 요소입니다. 하지만, 그럼에도 불구하고 궁극적인 그리스도인의 역할은 결국 '살아 내는 것'입니다. 자신에게 주어진 일터와 현장에서 선수가 되어 진리로 살아 내는 것.

1 본문(마태복음 19:20~22)의 부자 청년이 선수가 되지 못한 이유는 무엇입니까?

2 나는 해설가인가요? 선수인가요?

📖 묵상 노트

청년이 이르되 이 모든 것을 내가 지키었사온대

아직도 무엇이 부족하니이까

예수께서 이르시되 네가 온전하고자 할진대

가서 네 소유를 팔아 가난한 자들에게 주라

그리하면 하늘에서 보화가 네게 있으리라

그리고 와서 나를 따르라 하시니

그 청년이 재물이 많으므로 이 말씀을 듣고 근심하며 가니라

마태복음 19:20~22

최고의 지식인
그리스도를 아는 지식을 얻기 원합니다.
그리스도를 알고 따라가는
제자의 삶을 살게 하소서.

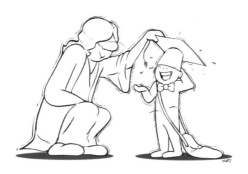

Day 5

신념 허물기

신념도 굳어지면
고집이 된다

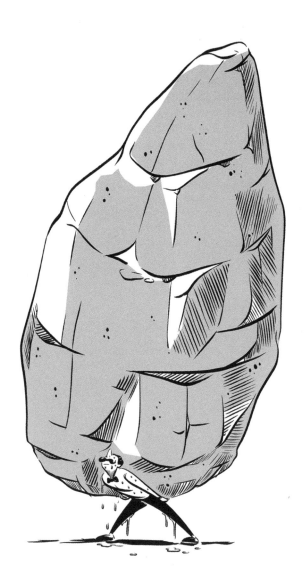

반평생을 짊어지고 온 내 고집이라오.

근육통이 찾아왔습니다. 사십대 중반을 넘어서 근육에 문제가 생겼기 때문입니다. 그럴 때마다 몸이 더 쇠약해지지 않도록 근력 운동을 강화했지요. 바벨의 무게와 횟수를 늘리고 고강도 운동을 반복했습니다. 하지만 근육을 강화하려 할수록 근육통은 극심해졌어요.

집 근처 병원을 찾았습니다. 선생님께 통증을 호소하니 이런 대답이 돌아왔어요. "근력 강화도 중요하지만 지금은 근육을 풀어 주는 스트레칭 운동으로 방식을 바꿔야 할 때입니다."

신념을 굳혀야 할 때도 있지만 허물어야 할 때도 있습니다. 내생각, 내 기준, 성공과 성취를 이끌어 낸 과거의 경험조차도 오랜 시간 고수하면 뭉쳐지고 굳어진 근육처럼 되기 때문입니다. 모세가 사명을 받은 팔십 세가 그런 나이 아니었을까요? 도망치듯 들어간 미디안 광야 세월 40년…. 자기 힘으로 민족을 구원하겠다며 앞장섰던 그의 뭉쳐진 신념이 풀어지기까지 걸린 시간이었습니다. 팔십 세의 모세는 청년보다 유연한 사고와 부드러운 성품으로 이스라엘 백성을 구원하라는 하나님의 사명을 받았지요. 하나님 쓰시기 편한 그릇이 돼 있었습니다.

1 이집트 왕자 모세 vs 미디안 광야의 모세, 두 인물의 차이를 정리해 봅시다.

① 이집트 왕자 모세(40세/출애굽기 2:11~12)

② 미디안 광야의 모세(80세/출애굽기 3:11~12)

오늘의
적용 / 실천

📖 묵상 노트

모세가 장성한 후에 한번은 자기 형제들에게 나가서

그들이 고되게 노동하는 것을 보더니

어떤 애굽 사람이 한 히브리 사람 곧 자기 형제를 치는 것을 본지라

좌우를 살펴 사람이 없음을 보고

그 애굽 사람을 쳐 죽여 모래 속에 감추니라

출애굽기 2:11~12

모세가 하나님께 아뢰되 내가 누구이기에 바로에게 가며

이스라엘 자손을 애굽에서 인도하여 내리이까

하나님이 이르시되 내가 반드시 너와 함께 있으리라

네가 그 백성을 애굽에서 인도하여 낸 후에 너희가 이 산에서

하나님을 섬기리니 이것이 내가 너를 보낸 증거니라

출애굽기 3:11~12

아버지의 품 안에서 단단한 자아를 녹입니다.
유연한 사고와 성품을 지닌 자가 되어
더 많은 사람을 품게 하소서.

Day 6

원 플러스 원

교만 뒤의 고난

바닥까지 내려오셨군요. 이제 올라갈 일만 남았습니다.

우리를 향한 하나님의 뜻은 재앙이 아니라 소망이기 때문입니다.

'원 플러스 원(1+1)' 상품이 있습니다. 본 상품에 동일하거나 유사한 상품을 덤으로 제공하는 할인 품목들이지요. 기분이 좋아요. 공짜로 한 개 더 받는 느낌이 들거든요. 아내와 장 보러 갈 때면 마트에서 이 상품군을 눈여겨보곤 합니다.

교만과 고난도 그렇습니다. 원 플러스 원으로 붙어 오지요. 스스로 높아진 사람은 반드시 떨어지게 돼 있습니다. 신나게 오르다 갑자기 뚝 떨어지면 얼마나 아픈지 몰라요. 충격도 크고요. 그렇게 바닥까지 떨어진 후 마음을 추스르며 겸손을 다시 배워 갑니다. 반복적인 우리의 습성이지요.

나쁘게 볼 일만은 아닙니다. 고난이 붙어 오지 않는 경우가 더 나쁜 결과로 이어지거든요. 고난 없이 승승장구만 하는 것을 '멸망'이라고 합니다. 인간에게 주어진 가장 무서운 형벌이지요. 방치된 상태, 하나님께서 애정을 거두신 상태이기 때문입니다. 그런 의미에서 고난은 오히려 기회입니다. 돌이킬 기회, 깨달을 기회, 되살아날 기회지요. 하나님께서 여전히 애정을 가지고 계시다는 증거입니다. 그 애정만 식지 않으면 됩니다. 하나님이 애정하시는 한 재기(再起)는 얼마든지 가능합니다.

1 이스라엘 백성은 왜 바벨론 포로로 끌려갔을까요(예레미야 29:10~11)?

2 실패를 통해 겸손을 배운 경험이 있다면 나눠 봅시다.

📖 묵상 노트

여호와께서 이와 같이 말씀하시니라

바벨론에서 칠십 년이 차면 내가 너희를 돌보고

나의 선한 말을 너희에게 성취하여

너희를 이곳으로 돌아오게 하리라

여호와의 말씀이니라

너희를 향한 나의 생각을 내가 아나니

평안이요 재앙이 아니니라

너희에게 미래와 희망을 주는 것이니라

예레미야 29:10~11

주님은 분노하지 않는 분이 아니시며
우리에게 형벌이 임하지 않는 것이 아니다.
그러나 이것은 단지 잠시일 뿐,
그분의 은혜는 평생토록 계속된다.
징벌은 예외이며, 은혜가 일반이다.
더러 눈물이 어리기도 한다.
그러나 이것은 그저 나그네가 하룻밤을
우리 집에서 지내는 일과 같다.
아침이 오면 그는 떠나고,
기쁨이 그를 대신해 영원히 나와 함께 살 것이다.
눈물은 나그네와 함께 떠나고 감사는 가족처럼 와서 머문다.
진실로 기쁨은 아침과 함께 오리라.

- 우찌무라 간조, 『일일일생』(홍성사) 중에서

Day 7

맨살의 소년

소년이 되어야
아비도 된다

입고 있던 옷을 벗으면 자녀인 내 모습만 남게 됩니다.

하나님과 진짜 대화를 시작하는 지점입니다.

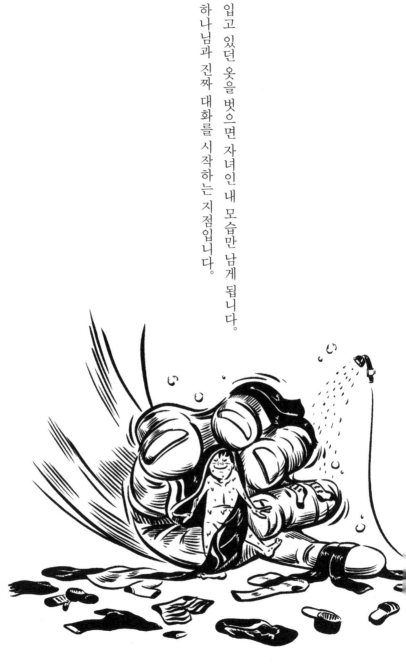

수치스러웠습니다. 발가벗겨졌기 때문입니다. 세상을 바꾸는 그리스도인이 되자며 사역자의 신분으로 십수 년을 외쳤습니다. 나 같은 예술인을 모아 제자훈련 프로그램도 진행하고, 섬김과 헌신을 설파하며 청년들을 가르쳤지요. 그런 나를 주변에서는 꽤 괜찮은 사역자로 평가했어요. 그렇게 커리어가 순항 중이었습니다.

결혼 후 가정이 생기자 생계 문제에 직면하게 되더군요. 불안함과 막연함, 짙은 안개와 같은 두려움이 몰려왔어요. 그간 외친 구호들은 도움이 되지 않았고, 하나님이 책임지실 테니 믿음 없는 소리 말라는 조언은 오히려 아픔으로 꽂혔습니다. 아마도 그즈음이 아니었나 싶어요. 입고 있던 옷을 벗기 시작한 때가…. 겹겹이 입은 옷이 벗겨진 맨살의 나는 불신자와 다름없는 믿음을 가진, 어린 소년이었을 뿐입니다. 불안에 떠는 연약한 소년. 맞아요. 그게 진짜 내 모습이었습니다.

그 소년을 입양하기로 결정했어요. '자녀'로 사는 법을 다시 배우기 위한 결정이었습니다. 영적 리더, 가정의 가장, 책의 저자 등등, 다양한 옷을 입기 전의 나, 하나님의 자녀인 나 자신이 있었으니까요. 먼저 자녀가 되어야 아비도 될 수 있었습니다.

1 하나님이 모세에게 신을 벗으라고 하신 이유는(출애굽기 3:4~5) 무엇일까요?

2 지금 나는 어떤 옷을 입고 있습니까?

오늘의
적용 / 실천

📖 묵상 노트

하나님이 떨기나무 가운데서 그를 불러 이르시되

모세야 모세야 하시매 그가 이르되 내가 여기 있나이다

하나님이 이르시되 이리로 가까이 오지 말라

네가 선 곳은 거룩한 땅이니 네 발에서 신을 벗으라

출애굽기 3:4~5

하나님.
자녀의 정체성을 잃지 않게 하소서.
아버지 앞에서는 언제나
자녀의 모습으로 서게 하소서.

Day 8

기둥의 실체

모세의 지팡이는
평범한 막대기일 뿐

모세가 홍해를 가를 때
사용한 지팡이는 낡고 평범한
나무 막대기였을 뿐입니다.
기적의 근원은 하나님이기 때문입니다.

"형, 미안해. 당분간 선교 헌금을 못 보낼 거 같아."

청천벽력 같은 소식이 날아왔습니다. 선교 사역을 하던 우리 가정에 제법 큰 액수를 헌금해 주던 사촌 동생이 이직 문제로 헌금을 중단한 것입니다. 새 직장을 찾고 다시 헌금을 보내기까지 얼마나 시간이 걸릴지…. 눈앞이 캄캄해졌어요. 동생의 헌금이 끊긴다고 생각하니 마음이 온전히 녀석의 이직 문제에 집중되고 말았습니다.

그렇게 1년이 지났습니다. 이상하게도 통장 잔고는 그대로 유지되더군요. 따로 소비를 줄일 필요 없이 그냥 살던 대로 살아도 문제없었습니다. 가정 경제의 큰 기둥이 뿌리째 뽑혔다고 생각했는데, 기둥 뽑힌 자리에 하나님의 손이 자리하고 있었습니다. 아니, 더 정확히 표현하면 진짜 기둥의 정체를 확인하게 됐다는 표현이 맞겠네요.

그동안 우리 가정을 책임지는 분이 하나님이라고 외쳤는데, 역시나 울리는 꽹과리에 불과했나 봅니다. 어쩌면 내가 모세일지도 모른다고 착각했는데 나는 그저 모세의 지팡이만 오매불망 바라보던 이스라엘 백성 중 한 명이었을 뿐입니다.

1 고린도전서(7:23)와 마가복음(10:44)에 나오는 '사람의 종' 이란
표현의 의미는 어떤 차이가 있을까요?

2 지금 내 삶에 기여도가 높은 사람이 있나요?
그 사람이 없으면 나는 어떤 타격을 입을까요?

📖 묵상 노트

너희는 값으로 사신 것이니 사람들의 종이 되지 말라

고린도전서 7:23

너희 중에 누구든지 으뜸이 되고자 하는 자는

모든 사람의 종이 되어야 하리라

마가복음 10:44

하나님.
나의 눈을 밝혀 주셔서
보이는 현상 너머에 계신 당신을
발견하게 하소서.
진짜 주인이 누구인지를 알게 하소서.

고가의 장비

영을 감동시키는 영

믿음 하나면 충분하다.
너무 무리해서 준비하지 않아도 돼.

"어떤 장비로 그림을 그리세요?"

비싼 디지털 장비로 그림을 그린다고 생각했나 봅니다. 어떤 장비를 사용하는지 질문하는 분들이 종종 계십니다. 그에 대한 대답은 좀 민망할 정도예요. 한 자루에 1,500원 정도 하는 모나미 붓펜으로 그림을 그리기 때문입니다. 종이는 또 어떨까요? 얼마 전까지 복사 용지를 사용하다가 최근 원화를 보호하는 차원에서 두꺼운 종이로 교체했습니다. 가격은 장당 600원. 펜과 종이 값을 합치면 2,100원 정도 되겠네요. 장비는 그게 전부입니다. '2,100원짜리' 장비로 그림을 그립니다.

물론 고가의 장비를 사용하고 싶습니다. 좋은 장비를 쓰면 그만큼 편리하고 도움이 되지요. 하지만 그보다 더 중요한 것이 있습니다. 바로 '영감(靈感/Inspiration)'입니다. 사전에는 "신령스러운 예감이나 느낌"이라고 정의되어 있어요. 메시지와 이미지가 균형 있게 어우러지는 아이디어를 얻는 것! 개인적으로는 고가의 장비를 갖추는 것보다 훨씬 더 중요합니다. 결국 영을 감동시킬 수 있는 존재는 '영(Spirit)'뿐이니 성령님이 주시는 감동이 가장 중요하다는 말이네요. 맞습니다. 실은 그 감동만으로 충분합니다.

1 성경에는 하나님의 계시를 받은 인물이 많습니다.
대표적인 인물을 떠올려 보고 그에게 계시가 임한 이유를
생각해 봅시다.

2 문득 떠오른 영감으로 문제를 해결한 적이 있나요?

📖 묵상 노트

바로가 요셉에게 이르되

내가 한 꿈을 꾸었으나 그것을 해석하는 자가 없더니

들은즉 너는 꿈을 들으면 능히 푼다 하더라

요셉이 바로에게 대답하여 이르되

내가 아니라 하나님께서 바로에게 편안한 대답을 하시리이다

창세기 41:15~16

너희가 오른쪽으로 치우치든지 왼쪽으로 치우치든지

네 뒤에서 말소리가 네 귀에 들려 이르기를

이것이 바른 길이니 너희는 이리로 가라 할 것이며

이사야 30:21

하나님,
일이 해결되고 나면
뒤에서 도우시는 성령님을 잊곤 합니다.
성령을 기억하는 겸손한 삶을
살아가게 하소서.

Day 10

영감의 근원

우연처럼 문제가
해결될 때

여호와를 경외하는 것이 지혜의 근본이요 거룩하신 자를 아는 것이 명철이니라

- 잠언 9:10

영감은 비단 저와 같은 예술가들에게만 필요할까요? 그렇지 않습니다. 앞서 언급한 '신령한 예감'뿐만 아니라, 일상에서 얻는 특별한 아이디어들과 문득 떠오른 특별한 발상들도 직간접적으로는 모두 영감에 해당됩니다. 엔지니어가 기계를 수리하던 중 난관에 부딪히면 문제를 해결할 방법을 찾습니다. 영감을 필요로 하는 순간입니다. 가정주부가 자녀 양육 문제로 고심하며 해결책을 모색할 때 역시 영감이 필요한 순간이지요. 선생님이 아이들을 가르치는 방법을 구상할 때도 영감은 필요하고, 운동선수가 필승 전략을 세울 때도 영감은 필요합니다. 영감을 얻는다는 것은 '지혜를 얻는다'는 뜻이며 지혜의 근원은 하나님입니다.

아이디어가 반짝이던 순간들을 떠올려 보세요. 그저 뇌 안에서 일어난 생물학적 반응이었을 뿐일까요? 영감을 극단적 신비주의로 몰아가는 것도 문제가 되지만 생물학적 반응만으로 결론 짓는 것도 문제가 됩니다. 인간에게서 일어나는 수많은 현상은 뇌 과학과 심리학만으로는 온전히 설명될 수 없기 때문입니다. 번뜩이는 아이디어로 문제를 해결했던 수많은 순간들…. 어쩌면 내가 해결한 게 아니었을지도 모릅니다.

1 다니엘은 느부갓네살 왕의 꿈을 해석하기 전, 어떤 행동을
취했나요(다니엘 2:18)?

2 기도로 간구한 후에 문제를 해결한 경험을 나눠 봅시다.

📖 묵상 노트

이에 이 은밀한 것이 밤에 환상으로 다니엘에게
나타나 보이매 다니엘이 하늘에 계신 하나님을 찬송하니라
다니엘이 말하여 이르되 영원부터 영원까지
하나님의 이름을 찬송할 것은 지혜와 능력이 그에게 있음이로다
그는 때와 계절을 바꾸시며 왕들을 폐하시고 왕들을 세우시며
지혜자에게 지혜를 주시고 총명한 자에게 지식을 주시는도다

다니엘 2:19~21

너희 중에 누구든지 지혜가 부족하거든
모든 사람에게 후히 주시고 꾸짖지 아니하시는 하나님께 구하라
그리하면 주시리라

야고보서 1:5

인간의 끝이 하나님의 시작입니다.
나의 한계를 인정하고 하나님의 도움으로
이 하루를 시작하게 하소서.

Chapter 2

타인이라는
거울

Chapter 2 타인이라는 거울

Day 11

손절각 친구

현타 맞은 기도 습관

나도 할 말이 좀 있는데….

순간 친구의 눈빛이 흐려졌습니다. 방금 전까지 반짝이던 생기가 가시더니 금방 흥미를 잃더군요. 한참 동안 친구의 이야기를 들어 준 뒤 이제 내 이야기도 좀 꺼내려는 찰나였습니다. 오랜만에 사는 얘기나 좀 나누자며 연락하더니, 실은 자기 얘기 들어 줄 사람만 필요했던 모양입니다. 애초부터 나와 대화할 마음은 없던 겁니다.

돌아오는 내내 서운했어요. 그래도 제법 긴 시간 알고 지낸 사이인데 그동안 나를 이용하기만 한 건 아니었는지. 되돌아보니 내 이야기를 제대로 들어 준 적은 거의 없던 것 같네요. 본인 이야기를 들어 줄 상대가 필요할 때만 연락하곤 했습니다. 이제 그만 손절할 때가 온 것입니다.

'내 기도가 이런 식은 아니었을까?' 갑자기 정신이 번쩍 들었습니다. 나 또한 그런 모습으로 기도해 온 건 아닌지…. 사람에게 서운함을 느껴 보니 하나님의 서운함도 헤아려 보게 됩니다. 내 소원만 늘어놓지 말고 하나님의 마음, 그분의 생각에도 관심을 기울여야겠습니다. 손절당하기 전에.

1 상대의 말을 일방적으로 들어 주기만 한 경험이 있거나 혹은 반대의 경험이 있다면 나눠 봅시다.

2 '이방인의 기도'란 무엇일까요?

오늘의
적용 / 실천

📖 묵상 노트

너는 기도할 때에 네 골방에 들어가 문을 닫고

은밀한 중에 계신 네 아버지께 기도하라

은밀한 중에 보시는 네 아버지께서 갚으시리라

또 기도할 때에 이방인과 같이 중언부언하지 말라

그들은 말을 많이 하여야 들으실 줄 생각하느니라

그러므로 그들을 본받지 말라

구하기 전에 너희에게 있어야 할 것을

하나님 너희 아버지께서 아시느니라

마태복음 6:6~8

하나님.
내 안의 내가 너무도 많아
당신의 소리를 들을 여유가 없습니다.
나를 비우고 당신으로 채우는
인생이 되게 하소서.
오늘도 아버지의 음성을 듣기 원합니다.

Day 12

싸움의 대상

관심이 있어야
화도 난다

교회의 적은 반기독교(Antichristianity)가 아닙니다.

진짜 적은 진리에 대한 무관심입니다.

"저런 나쁜 놈!"

아내가 흥분합니다. 불륜 관계를 다룬 드라마를 보며 분노한 것입니다. 바람 피운 주제에 도리어 큰소리를 치는 극중 남편을 보며 아내가 주먹을 불끈 쥔 채 달려와 내용을 설명하지요. 하지만 유감스럽게도 나는 아내처럼 분노가 일어나지 않습니다. 그 드라마에 관심이 없기 때문입니다.

"이런 나쁜 놈들!" 이번에는 내가 흥분합니다. 역사 다큐멘터리를 보며 분노한 것입니다. 왕과의 권력 다툼에서 일어난 신하의 정치적 배신. 나는 두 주먹을 불끈 쥔 채 아내에게 달려가 내용을 설명하지요. 하지만 아내는 말없이 설거지만 할 뿐입니다. 역사물에 전혀 관심이 없기 때문입니다.

교회가 경계해야 할 대상은 '반기독교'가 아닙니다. 안티들의 악플은 오히려 경청해 볼 필요가 있어요. 비판한다는 것 자체가 관심이 있다는 의미니까요. 오히려 미디어와 물질만능주의, 습관화된 분주함 같은 '현대 물질 문명'이 진짜 경계해야 할 대상이 아닐까요? 우리의 시선을 사로잡아 진리에 대해 무관심하게 만들어 버리기 때문입니다. 악플(악성 댓글)보다 무플(댓글이 없는)이 더 무서운 법입니다.

1 하루 중 영성 활동에 할애하는 시간은 얼마인가요?

① 0분 ② 10분 ③ 30분 ④ 1시간

2 시간을 가장 많이 할애하는 기타 활동은 무엇입니까?

3 영성 활동에 시간을 할애하려면 어떤 연습이 필요할까요?

오늘의
적용 / 실천

📖 묵상 노트

망령되고 허탄한 신화를 버리고

경건에 이르도록 네 자신을 연단하라

육체의 연단은 약간의 유익이 있으나

경건은 범사에 유익하니 금생과 내생에 약속이 있느니라

미쁘다 이 말이여 모든 사람들이 받을 만하도다

디모데전서 4:7~9

하나님,
경건 생활이 몸에 배지 않습니다.
끊임없이 씨름하며 연습하는 삶을 살기 원합니다.
오늘도 경건을 습관화하는 하루가 되게 하소서.

용사 중의 용사

분노는 분노 이상의
의미가 있다

왜 자꾸 제 앞에서 긴장들을 하세요?

분을 참지 못하는 형님이 계셨습니다. 공동체를 사랑하고 어려운 이웃을 물심양면으로 돕는 등, 장점이 많은 분이었지만 딱하나 아쉬운 점이 있었어요. 바로 분을 참지 못하는 점. 어쩌다 화가 나면 고함을 치며 분노를 표출하는 바람에 주변 사람들이 전부 긴장하곤 했습니다. 오직 그 한 가지 단점이 형님의 수많은 장점을 전부 가리고 있었어요.

노하기를 더디 하는 자는 용사보다 낫고 자기의 마음을 다스리는 자는 성을 빼앗는 자보다 나으니라 - 잠언 16:32

용사는 제일 먼저 전장으로 뛰어드는 사람입니다. 죽음을 두려워하지 않지요. 성경은 노하기를 더디 하는 자가 그런 용사보다 낫다고 합니다. "성을 빼앗는 자"는 또 어떨까요? 공성전 (Offense)은 수성전(Defense)보다 적게는 3배에서 많게는 10배가 넘는 병력을 동원해야만 가능합니다. 성을 점령한다는 것은 그만큼 어려운 일이기 때문입니다. 성경은 마음을 다스리는 것이 그 어려운 공성에 성공한 것보다 낫다고 합니다. 전장에 제일 먼저 뛰어드는 용장도, 어렵게 성을 빼앗은 명장도 모두 강인한 사람들이지만, 분노를 다스릴 줄 아는 한 사람이 더 강하기 때문입니다.

1 분노를 다스리는 일이 그리스도인에게 왜 중요할까요?

2 분노를 다스려서 좋은 결과를 얻었던 경험과 반대의 경험을 모두 나눠 봅시다.

오늘의
적용 / 실천

📖 묵상 노트

노하기를 더디 하는 자는 용사보다 낫고

자기의 마음을 다스리는 자는 성을 빼앗는 자보다 나으니라

잠언 16:32

하나님.
누군가 자존심을 건드리면 분노하는 내 모습을 봅니다.
나는 나 자신을 정말 많이 사랑하는 것 같습니다.
나를 사랑하는 만큼 이웃도 사랑하게 하소서.
그 사랑으로 하나밖에 없는 자존심도 내려놓을 줄 아는
하나님의 사람이 되게 하소서.

Day 14

선의로 막말하기

뱉기보다
담기가 어려운 말

춤사위 같기도 하고 칼부림 같기도 합니다.

내 말투.

상상해 봅시다. 출근길에 태워다 준다며 선의를 가지고 불도저를 끌고 오는 사람이 있다면 어떨까요? 집 앞에서 기다리겠다며 요리조리 주차하다 담벼락을 무너뜨립니다. 마당이 온통 쑥대밭이 되는 것은 물론 동네가 소음으로 떠나갈 듯하지요. 망연자실하게 서 있는 나를 보며 엄지를 번쩍 치켜들고는 방긋 웃습니다. 반짝이는 선의를 내보이며.

말하기도 이와 같습니다. "그 사람 나쁜 의도로 그런 건 아니야…." 선한 의도로 언어의 불도저를 끌고 다니는 사람이 있습니다. 무심코 내뱉은 한 마디 말로 주변을 아프게 하지요. 나쁜 의도가 아니니 함부로 따질 수도 없습니다. 그저 조용히 피할 뿐입니다. 결국 그의 주변 사람들은 모두 떠나고 그 사람 혼자 남게 되지요.

말하기도 글쓰기와 같습니다. 글을 읽고 쓸 줄 안다는 이유로 아무 글이나 쓰지 않듯, 말을 할 줄 안다는 이유로 하고 싶은 말을 여과 없이 해서는 안 됩니다. 갈고 닦는 각별한 노력이 필요합니다. 말과 글 모두 '어떻게 전달할 것인가?'가 더 중요한 영역이기 때문입니다.

지금 어떻게 말하고 계십니까?

1 누군가 무심코 던진 말에 상처를 받은 경험이 있나요?

2 반대로 무심코 던진 나의 말에 누군가 상처를 입은 적이
있나요?

📖 묵상 노트

그가 이 작은 자 중의 하나를 실족하게 할진대

차라리 연자맷돌이 그 목에 매여 바다에 던져지는 것이 나으리라

누가복음 17:2

사람은 입에서 나오는 열매로 말미암아 배부르게 되나니

곧 그의 입술에서 나는 것으로 말미암아 만족하게 되느니라

잠언 18:20

하나님.
무심하게 던진 말 한 마디로
누군가를 실족시킨 적은 없는지 주변을 돌아보게 됩니다.
실족한 사람을 진심 어린 말로 일으켜 세우는
오늘 하루가 되게 하소서.

Day 15

관계도 혈관처럼

막히지 않아야 통한다

막힌 곳은 없는지 점검 중입니다.

내 관계.

나도 참 독한 놈입니다. 사춘기 시절 누이와 대화를 단절했기 때문입니다. 어떤 일로 시비가 붙었고, 그 뒤로 무려 5년이나 입을 닫았어요. 수능 시험 전날 합격 기원 엿을 들고 독서실로 찾아온 누이를 보며 말문을 열었지요. 나란 놈의 고집도 참….

돌아보면 별일도 아니었습니다. 사소한 시비가 원인이었을 뿐입니다. 하지만 불통의 시간이 1, 2년 넘어가니 애초의 원인 따위는 잊혔어요. 나중에는 그냥 대화하지 않는 편이 익숙하고 편안했기에 굳이 입을 열지 않았습니다. 5년 동안 소통이 단절된 채 지내니 누이와 나 사이에 두터운 벽이 생기고 말았지요. 결국 용기를 낸 누이 덕에 겨우 관계를 회복할 수 있었네요. 불통(不通)은 갈등하고 충돌하는 것이 아니라 '소통의 부재(不在)' 상태일 뿐이었습니다.

관계도 혈관처럼 관리가 중요했습니다. 혈관에 노폐물이 쌓이지 않도록 운동과 식단으로 꾸준히 관리하듯, 문제가 있을 때뿐만 아니라 문제가 없을 때에도 수시로 소통하는 것이 관계의 핵심이니까요. 잘 통(通)하는 것보다 '막히지 않는 것'이 더 중요합니다.

1 최근 누군가를 원망한 적이 있습니까?

2 잘못하지 않았는데 먼저 화해를 시도한 경우가 있나요?

3 그때 어떤 방식으로 접근했습니까?

📖 묵상 노트

예물을 제단에 드리려다가

거기서 네 형제에게 원망들을 만한 일이 있는 것이 생각나거든

예물을 제단 앞에 두고 먼저 가서 형제와 화목하고

그 후에 와서 예물을 드리라

마태복음 5:23~24

하나님.
돌이킬 수 없을 만큼 멀어진 그 사람에게
마음을 열고 다가갈 수 있는
용기를 주옵소서.

Day 16

치밀함보다 유치함

이성적이라는 착각

내 안에는 중년을 넘긴 한 소년이 살고 있습니다.

내가 이겼습니다. 동료의 문제점을 지적하기 위해 오랜 시간 준비했기 때문입니다. 충분한 논리를 세우고 그 논리에 오점이 없는지 다각도로 살핀 뒤, 적절한 비교 자료를 완비해 동료와 독대하는 시간을 가졌습니다. 치밀하게 준비한 덕에 동료는 많이 당황했고 빠져나갈 틈을 찾지 못했지요. 마침내 내키지 않는 표정으로 잘못을 인정했습니다.

승리감에 도취되어 있으려니 문득 한 가지 사건이 떠올랐어요. 몇 주 전 함께 수다를 떨던 중에 동료가 농담 삼아 던진 한 마디가 가슴에 날아와 꽂힌 순간! 감정이 상한 나는 그날 이후 조용히 복수를 준비했습니다. 교양과 논리로 잘 포장했지만 결론적으로는 그저 복수에 성공한 것일 뿐이었어요.

좁쌀만 한 자존심이 어찌 이리 거대할까요? 그 그림자가 하나님이 허락하신 소중한 영혼들을 가려 버릴 때가 있습니다. 가끔은 하나님까지 가려 버리지요. 이성적이라고 생각했건만 내가 가장 감정적인 사람입니다. 내 안에 덜 자란 사춘기 소년이 살고 있습니다.

1 '낮은 은을 입힌 토기'(잠언 26:23)란 무슨 의미일까요?

2 내 자존심을 자극하는 언어 표현은 무엇이 있을까요?

(단어, 문장 등)

오늘의
적용 / 실천

📖 묵상 노트

온유한 입술에 악한 마음은 낮은 은을 입힌 토기니라

잠언 26:23

하나님.
지금 모습 그대로 당신께 나아갑니다.
내 연약함을 아시는 주님.
이 모습에서부터 자라 가게 하옵소서.

얼룩말과 조랑말

자유의 진정한 가치

다듬어지지 않은 자유의지는 그저 반항이었을 뿐.

한때는 얼룩말을 좋아했습니다. 강렬한 무늬를 뽐내는 야생의 얼룩말. 자유로워 보였기 때문입니다. 길들여지지 않은 채 가고 싶은 곳에 가고, 먹고 싶은 것을 먹으며 초원을 누비는 그 모습…. 어디에도 매이지 않고 원하는 대로 선택하는 것을 '자유'라고 생각했던 것 같아요. 가끔 TV에 얼룩말이 등장할 때면 한참을 멍하니 시청했지요. 하지만 거기까지였어요. 얼룩말은 감상용 말이라는 점. 하나님을 알아 갈수록 야생의 얼룩말보다는 길들여진 조랑말이 더 가슴 깊이 다가왔기 때문입니다.

조랑말은 얼룩말보다 작고 볼품없습니다. 힘도 약하고 속도도 느리지요. 하지만 이 작고 볼품없는 말이 사람에게 길들여진 후 짐을 실어 나르며 자신을 내어 주는 삶을 삽니다. 비록 몸은 좀 고되고 고삐에 매인 채 살아야 하지만, 그럼에도 누군가의 일과 일상에 도움이 되어 주지요. 성경이 말하는 자유도 이런 조랑말이 되기를 '자원하는 것' 아닐까요? 하나님 손에 길들여진 후 다른 이를 묵묵히 섬기는 삶. 마치 예수님의 삶처럼 말입니다. 어쩌면 자유의 진정한 가치는 이웃을 위해 '스스로 자유를 제한하는 것'에 있을지도 모르겠습니다.

1 다른 사람의 유익을 위해 내 자유를 절제한 적이 있나요?

2 개인의 자유 vs 공동체의 유익, 이 두 가지 가치를 균형 있게 지키려면 어떤 노력을 해야 할까요?

오늘의
적용 / 실천

📖 묵상 노트

내가 모든 사람에게서 자유로우나 스스로 모든 사람에게

종이 된 것은 더 많은 사람을 얻고자 함이라

유대인들에게 내가 유대인과 같이 된 것은 유대인들을 얻고자 함이요

율법 아래에 있는 자들에게는 내가 율법 아래에 있지 아니하나

율법 아래에 있는 자 같이 된 것은 율법 아래에 있는 자들을 얻고자 함이요

율법 없는 자에게는 내가 하나님께는 율법 없는 자가 아니요

도리어 그리스도의 율법 아래에 있는 자이나

율법 없는 자와 같이 된 것은 율법 없는 자들을 얻고자 함이라

약한 자들에게 내가 약한 자와 같이 된 것은 약한 자들을 얻고자 함이요

내가 여러 사람에게 여러 모습이 된 것은

아무쪼록 몇 사람이라도 구원하고자 함이니

내가 복음을 위하여 모든 것을 행함은 복음에 참여하고자 함이라

고린도전서 9:19~23

야생의 들소가 아닌
묵묵한 황소가 되게 하소서.
누군가의 밭을 갈고 섬기는
헌신의 삶을 살게 하소서.
오늘이 그런 하루가 되게 하소서.

Day 18

질문 없는 믿음

온전한 신뢰에 대하여

허락하시지 않은 일은 안 하면 됩니다.
결국 내가 손해 보는 일이니까요.

좀처럼 묻지를 않더랍니다. 단기 선교를 다녀온 아내를 두고 담당 사역자가 한 말입니다. 아침 일찍 나갈 채비를 하라고 해도 묻지를 않고, 한 시간 넘게 지하철로 이동을 해도 묻지를 않고, 그저 인솔자의 안내를 따라 묵묵히 움직였다지요. 가자면 가고 오자면 오고. 착실히 따르는 아내의 모습을 귀하게 여긴 그 사역자는 싱글이었던 나에게 '좋은 자매'라며 넌지시 일러 주었습니다.

결혼 후에도 뭔가를 통 묻는 법이 없었어요. 짐을 챙겨 떠나자면 말없이 짐을 싸고, 한참을 이동해도 캐묻는 법이 없었지요. 가자면 나서고, 설명하면 귀 기울여 듣는 그런 사람이었습니다. 이유가 궁금했어요. 어느 날 물어보니 간단한 대답이 돌아왔습니다. 신뢰하기 때문이라고…. 남편이 가자고 했으니 나쁜 곳에 데려가지는 않을 거라는 믿음. 그래서 특별히 질문할 필요를 못 느낀다고 했습니다. 말없이 누군가를 전적으로 신뢰할 줄 아는 아내의 성품이 내심 부러웠습니다. 나와는 너무도 달랐으니까요.

1 누군가를 온전히 신뢰한 적이 있나요?

2 하나님을 향한 신뢰 vs 내 경험과 논리, 이 둘을 어떻게 분별할 수 있을까요?

📖 묵상 노트

믿음으로 노아는 아직 보이지 않는 일에 경고하심을 받아

경외함으로 방주를 준비하여 그 집을 구원하였으니

이로 말미암아 세상을 정죄하고

믿음을 따르는 의의 상속자가 되었느니라

믿음으로 아브라함은 부르심을 받았을 때에 순종하여

장래의 유업으로 받을 땅에 나아갈새

갈 바를 알지 못하고 나아갔으며

믿음으로 그가 이방의 땅에 있는 것같이

약속의 땅에 거류하여 동일한 약속을 유업으로 함께 받은

이삭 및 야곱과 더불어 장막에 거하였으니

이는 그가 하나님이 계획하시고 지으실 터가 있는 성을 바랐음이라

히브리서 11:7~10

능구렁이처럼 계산속이 심해지는 내 모습을 봅니다.
전적으로 당신을 믿고 따르는 게 왜 이리도 어려울까요?
나의 연약함을 도와주소서.
내 계산법이 아닌 당신의 계산법을 온전히 신뢰하는
오늘 하루가 되게 하소서.

Day 19

질문 많은 믿음

작은 믿음을
믿어 주는 더 큰 믿음

더 이상 왜냐고 묻지 않겠어요.

그냥 선한 걸 주신다고 믿고 뛸래요.

나는 질문이 너무 많았습니다. 단기 선교를 가도 현지 선교사님께 너무 많이 묻고 재차 확인하는 성격이었어요. 오늘 일정과 내일 일정을 전부 확인해야만 안심이 됐기 때문입니다. 그때마다 선교사님은 얼굴 한번 찌푸리지 않고 자세히 설명해 주셨지요.

일정이 끝나 갈 무렵 여쭤봤습니다. 내 집요한 질문 공세에 왜 이리 성심껏 대응해 주셨는지. 선교사님은 "믿기 때문"이라고 대답하셨습니다. 지금은 저 형제가 불안해서 질문을 많이 하지만 신뢰가 쌓이면 질문이 줄어들 거라는 믿음이 있었다네요. 그러고 보니 일정이 막바지를 향해 갈수록 질문이 줄었던 것 같습니다. 마지막에는 묻지도 따지지도 않고 선교사님을 따라 움직였지요.

질문을 쏟아 내던 내게 한 소리 하실 줄 알았는데 선교사님은 그조차도 공감하고 계셨습니다. '작은 믿음'도 믿어 주는 '더 큰 믿음'이 있었기 때문입니다. 덕분에 긴 일정을 잘 마무리할 수 있었네요. 마치 하나님의 품에 있던 것처럼.

아내만큼은 아닐지라도 나는 나대로 잘 성장하면 될 것 같습니다.

1 기드온이 표적을 구한 이유는 무엇입니까(사사기 6:36~40)?

2 내가 기드온이라면, 오늘 나는 어떤 표적을 구할까요?

(내 주변에 있는, 혹은 나와 관련이 있는 사물로 상상해 봅시다.)

오늘의
적용 / 실천

📖 묵상 노트

기드온이 하나님께 여쭈되 주께서 이미 말씀하심 같이

내 손으로 이스라엘을 구원하시려거든

보소서 내가 양털 한 뭉치를 타작 마당에 두리니

만일 이슬이 양털에만 있고 주변 땅은 마르면

주께서 이미 말씀하심 같이 내 손으로 이스라엘을 구원하실 줄을

내가 알겠나이다 하였더니 그대로 된지라

이튿날 기드온이 일찍이 일어나서 양털을 가져다가

그 양털에서 이슬을 짜니 물이 그릇에 가득하더라

기드온이 또 하나님께 여쭈되 주여 내게 노하지 마옵소서

내가 이번만 말하리이다 구하옵나니

내게 이번만 양털로 시험하게 하소서 원하건대 양털만 마르고

그 주변 땅에는 다 이슬이 있게 하옵소서 하였더니

그 밤에 하나님이 그대로 행하시니 곧 양털만 마르고

그 주변 땅에는 다 이슬이 있었더라

사사기 6:36~40

부족한 나와 동역하고자 하시는 하나님.
나를 향한 아버지의 믿음이 넘어진 나를 일으켜 세웁니다.
그 큰 신뢰에 부합하는 내가 되게 하소서.

따끔한 사랑

행복한 반려 생활

우리는 만나야 합니다.
징벌의 하나님.
심판의 하나님.
두려운 하나님을 넘어
참사랑의 하나님을.

반려견이 소파를 장악했습니다. 주인이 꼼짝도 못 하더군요. 어쩌다 산책이라도 나가면 주인이 질질 끌려다니는 바람에 개가 주인을 산책시키는 꼴이 됐지요. 주객이 전도된 것입니다.

이때 강형욱 님이 등장합니다. '개통령'이라 불리는 분이죠. 반려견의 상태를 확인하고는 강력 처방을 내려 줍니다. 최소한의 주인 노릇을 하라는…. 반려견을 너무 사랑하는 마음에 잘못을 했을 때 혼내지 않으면 개가 자신을 주인으로 착각한다나요. 그 순간 행복한 반려 생활은 깨지고 만답니다. 그 시간이 오래 지속되면 개는 결국 파양될 가능성이 높다네요. 적절한 훈육이 있어야만 개와 주인이 끝까지 함께 살 수 있고, 그것이 반려견에게도 가장 행복한 삶이라고 말했습니다.

실은 하나님의 징계를 받은 지 수년째입니다. 정말 죽을 맛이에요. 하루라도 빨리 벗어나고 싶어요. 하지만 그 속에 또 다른 사랑이 있네요. 행복한 반려를 꿈꾸며 나를 교정하는 주인의 사랑. 내 인생, 내가 주인인 줄 알았는데 하나님이 주인이셨습니다. 그렇게 질서를 세워 가며 징계도 사랑의 일부임을 배워 갑니다. 아버지 마음 알기에 이 훈련 달게 받으렵니다.

1 이스라엘 백성이 바벨론 포로로 끌려간 이유는 무엇인가요?

2 하나님께 사랑의 훈육을 받은 적이 있나요?
그때 나는 어떤 자세로 그 시간을 받아들였나요?

오늘의
적용 / 실천

📖 묵상 노트

여호와의 말씀이니라

너희는 너희가 두려워하는 바벨론의 왕을 겁내지 말라

내가 너희와 함께 있어 너희를 구원하며

그의 손에서 너희를 건지리니 두려워하지 말라

내가 너희를 불쌍히 여기리니 그도 너희를 불쌍히 여겨

너희를 너희 본향으로 돌려보내리라 하셨느니라

예레미야 42:11~12

내 몸의 열매와 가지를 거두어 가실지라도
하나님을 신뢰합니다.
당신의 사랑을 의심하지 않겠습니다.

Chapter 3

생계 너머
사명

Chapter 3 생계 너머 사명

Day 21

타이밍의 주인

좋은 타이밍은
충분한 기다림 끝에 온다

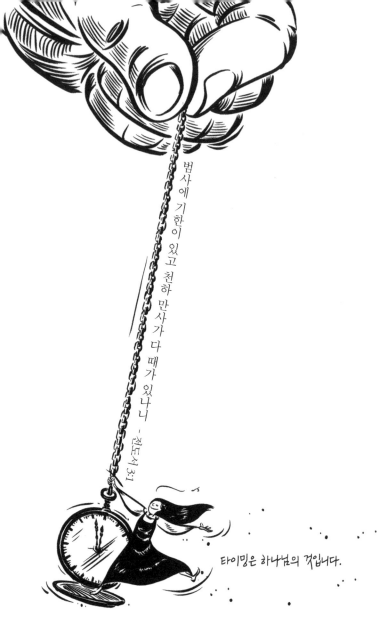

범사에 기한이 있고 천하 만사가 다 때가 있나니 - 전도서 3:1

타이밍은 하나님의 것입니다.

한남대교 위를 걸었습니다. 사귀던 사람과 이별했기 때문입니다. 하나님 앞에 홀로 머무는 시간을 갖기로 결정했어요. 그렇게 6년의 연애 공백기를 가졌지요.

미국과 뉴질랜드 그리고 일본을 떠돌았습니다. 긴 시간을 한마디로 요약한다면 뭐라고 표현할 수 있을까요? 아마도 '함께 하는 법'을 배운 시간이 아니었을지. 매번 다른 문화와 환경에 적응하며 모난 성격은 깎이고, 호불호가 극명했던 인간관계도 유연해졌기 때문입니다. 서로의 차이를 받아들이고 나만의 취향도 일부 포기할 줄 아는 사람이 되었을 무렵 지금의 아내를 만났네요.

물론 중간에 흔들린 적이 아주 없지는 않았습니다. 스쳐 가는 인연들이 있었지요. 그럴 때마다 고민하며 분별했습니다. 지금이 '나의 때'가 맞는지…. 그렇게 분별한 후 아니라는 결론이 내려지면 아쉽지만 내려놓았습니다. 감정을 뛰어넘어 이성적으로 결단하는 일은 생각보다 쉽지 않았습니다.

돌아보면 아내를 만난 그때가 결혼하기 가장 적절한 타이밍이었다는 생각이 듭니다. 세상이 정해 놓은 결혼 적령기를 훌쩍 넘긴 나이였음에도 불구하고. 좋은 타이밍은 충분한 기다림 끝에 찾아옵니다.

1 지금 인내하며 기다리고 있는 '나의 때'는 무엇인가요?

2 하나님의 때를 확신한 경험이 있다면 나눠 봅시다.

오늘의
적용 / 실천

📖 묵상 노트

범사에 기한이 있고 천하 만사가 다 때가 있나니

날 때가 있고 죽을 때가 있으며

심을 때가 있고 심은 것을 뽑을 때가 있으며

죽일 때가 있고 치료할 때가 있으며

헐 때가 있고 세울 때가 있으며

울 때가 있고 웃을 때가 있으며

슬퍼할 때가 있고 춤출 때가 있으며

돌을 던져 버릴 때가 있고 돌을 거둘 때가 있으며

안을 때가 있고 안는 일을 멀리할 때가 있으며

찾을 때가 있고 잃을 때가 있으며

지킬 때가 있고 버릴 때가 있으며

찢을 때가 있고 꿰맬 때가 있으며

잠잠할 때가 있고 말할 때가 있으며

사랑할 때가 있고 미워할 때가 있으며

전쟁할 때가 있고 평화할 때가 있느니라

전도서 3:1~8

오늘의 기도

하나님.
주실 것을 믿기에 기다릴 수 있습니다.
흔들리는 나를 붙들어 주셔서
당신을 신뢰하는 하루가 되게 하소서.

뉴요커의 부활

오래전 죽은 뒤
되살아난 꿈

죽은 지 사흘이 지난 나사로가 살아나듯
오래전 죽은 옛 꿈이 예수님의 이름으로
되살아났습니다.

뉴욕에 가고 싶었습니다. '프랫(Pratt Institute)'이나 '파슨스(Parsons School of Design)' 같은 유명 디자인 스쿨에서 공부하며 세계적인 디자이너로 성공하고 싶었어요. 그 갈망이 어찌나 컸는지 유학을 떠나 학위를 받은 사람들의 자서전을 읽고 또 읽었습니다. 그들의 이야기에 감명받아 남몰래 눈물을 훔친 것도 여러 번입니다. 하지만 불가능했습니다. 고민에 고민을 거듭해 봐도 집안 사정상 유학 자금은 꿈도 꿀 수 없었어요. 그래도 포기할 수 없었습니다. 맨땅에 헤딩해 보겠다며 경비만 손에 쥔 채 어학연수를 떠났습니다. 그러다 석 달 만에 돌아왔네요. 타지에서 일과 공부를 병행하는 것은 젊음의 패기만으로는 쉬이 감당할 수 있는 일이 아니었습니다. 귀국하는 비행기에서 꿈을 접은 기억이 생생합니다. 내 인생에 뉴욕은 없을 거라며….

10년 뒤 뉴욕 땅을 밟았습니다. 그사이 나는 선교사가 돼 있었고 많은 일들을 경험했지요. 인생의 목적과 방향이 대폭 수정되었습니다. 나의 유학이 아닌, 유학하는 영혼들을 섬기기 위한 목적으로 그 땅을 밟은 것입니다. 그렇게 근 3년을 뉴욕에서 활동했네요. 오래전 끝났다고 생각했던 꿈이 하나님의 꿈으로 되살아난 시간들이었습니다.

1 마음속에 깊이 묻어 둔 좌절된 꿈이 있습니까?

2 그 꿈이 하나님의 꿈으로 되살아난다면 어떻게 이뤄질지
상상해 봅시다.

오늘의
적용 / 실천

📖 묵상 노트

큰 소리로 나사로야 나오라 부르시니

죽은 자가 수족을 베로 동인 채로 나오는데

그 얼굴은 수건에 싸였더라

예수께서 이르시되 풀어놓아 다니게 하라 하시니라

요한복음 11:43~44

인간을 꿈꾸는 존재로 만드신 아버지.
나의 꿈을 당신께 드립니다.
내 꿈을 당신의 꿈으로 구속하셔서
아버지의 꿈을 꾸며 살게 하소서.

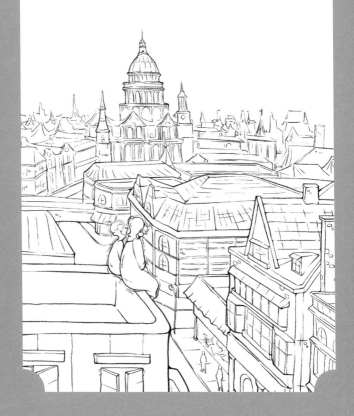

청춘의 정의

이팔청춘만 청춘인가

기댈 곳이 필요했습니다.
혼자 헤쳐 가야 한다고 생각했기 때문입니다.

"벚꽃이 청춘처럼 지네…."

길가에 흩날리는 벚꽃 잎을 보며 아내가 아쉬움을 토로합니다. 화려하게 폈다 하룻밤 사이에 지는 찰나의 아름다움을 청춘에 비유한 것입니다. 하지만 나는 공감할 수 없었어요. 내 청춘을 생각하면 생존하기 위해 몸부림쳤던 기억만이 떠오를 뿐이었으니까요.

스무 살에 아버지가 돌아가셨습니다. 대학에는 삼수해서 들어갔지요. 제대했을 때는 이십대 후반이었고, 어학연수를 한답시고 1년을 또 허비했습니다. 청소 일을 하는 어머니를 떠올릴 때마다 밀려드는 성공에 대한 조바심, 매 학기 등록금 걱정, 학업 걱정, 취업 걱정…. 결국 서른 살에 졸업했네요. 목표는 오직 하나, 성공뿐이었습니다. 그것만 바라보며 달렸기에 벚꽃 청춘의 낭만을 느껴 볼 여유 따위는 없었습니다. 이십대를 생각하면 치열하고 피곤했던 생존의 잔상만이 떠오를 뿐입니다.

예수를 만나며 안정을 찾았습니다. 나와 먹고 마시자는 주님. 그분을 따르니 번민이 줄었습니다. 처음으로 기댈 존재를 찾았기 때문입니다. 그 등에 기대어 만개(滿開)한 삼십대가 나의 '진짜 청춘'이 아니었을지…. 그래서일까요? 예수 없는 이십대는 도통 그립지가 않네요.

1 그리스도인의 '영적 청춘'은 언제일까요?

2 영적 청춘을 값지게 보내려면 어떻게 해야 할까요?

오늘의
적용 / 실천

📖 묵상 노트

너는 청년의 때에 너의 창조주를 기억하라
곧 곤고한 날이 이르기 전에,
나는 아무 낙이 없다고 할 해들이 가깝기 전에

전도서 12:1

볼지어다 내가 문 밖에 서서 두드리노니
누구든지 내 음성을 듣고 문을 열면
내가 그에게로 들어가 그와 더불어 먹고
그는 나와 더불어 먹으리라

요한계시록 3:20

하나님.
맥없이 스러지는 허망한 청춘이 아닌,
당신과 더불어 먹고 마시며 기뻐하는
참된 청춘을 보내게 하소서.

Day 24

사명에 대한 오해

각각의 사명을 따라

네 미래는 목사.
네 미래는 전도사.
네 미래는 선교사.

하나님에 대한 무서운 오해

대학 전공이던 '디자인'을 버리기로 결정했습니다. 선교적 사명이 주어졌다고 확신했기 때문입니다. 막연히 신학을 공부해야 한다고 생각했던 것 같아요. 디자인이란 학문은 어딘지 모르게 세속적으로 여겨졌기 때문입니다.

하지만 오해였습니다. 선교 사역을 감당할수록 학부 시절보다 더 많은 디자인 작업을 수행했기 때문입니다. 선교 현장에 디자인이 참 많이도 필요했어요. 그 필요를 채운 시간 동안 디자인 실무 경험을 차곡히 쌓아 갈 수 있었습니다. 궁극적으로는 하나님이 나를 그 전공으로 이끄셨다는 확신을 얻는 계기가 돼 주었지요. 모든 것이 지금처럼 출판물 작가로 살아가게 하는 중요한 기반이 되었습니다.

사명의 길을 목회나 선교와 같은 특정 '성직'으로 제한하는 것은 큰 오해입니다. 우리의 미래가 정해져 있다는 운명론에 얽매이게 하고, 은근히 두려움을 심어 사명에 대한 부담을 짊어지게 만들지요. 하나님은 저마다의 인생을 여러 모양으로 빚어 가십니다. 그만큼 다양한 사명이 존재하지요. 구원받았다는 것은 사명받았다는 의미이기에 모든 성도에게는 각자의 사명이 있습니다. 마음을 기울여 적극적으로 찾아야 합니다.

1 로마서 12장의 은사 중 나의 은사는 어디에 속할까요?
① 예언 ② 섬김 ③ 가르침 ④ 위로 ⑤ 구제 ⑥ 다스림 ⑦ 긍휼

2 내가 생각하는 '사명'의 정의는 무엇인가요?

📖 묵상 노트

우리가 한 몸에 많은 지체를 가졌으나

모든 지체가 같은 기능을 가진 것이 아니니

이와 같이 우리 많은 사람이 그리스도 안에서

한 몸이 되어 서로 지체가 되었느니라

우리에게 주신 은혜대로 받은 은사가 각각 다르니

혹 예언이면 믿음의 분수대로, 혹 섬기는 일이면 섬기는 일로,

혹 가르치는 자면 가르치는 일로, 혹 위로하는 자면 위로하는 일로,

구제하는 자는 성실함으로, 다스리는 자는 부지런함으로,

긍휼을 베푸는 자는 즐거움으로 할 것이니라

로마서 12:4~8

허락하신 사명을 협소한 시선으로
바라보지 않게 내 눈을 밝혀 주소서.
모두에게 각각의 사명을 부여하시는
크신 하나님의 시야를 갖게 하소서.

사명의 부재

먹고산다는 것에 대하여

없나,
우린 독수리려라····.

이놈아 어딜 가냐.
이 안에 있으면 밥도 주고 잠도 재워 주고
나중에 색시도 넣어 준당께.
비전이니 사명이니 그런 말 하지도 말어.

"평범하고 안정적으로 사는 게 사명이죠. 더 이상 뭘…."

네, 이해할 수 있습니다. 실업률은 치솟고 먹고살기는 점점 각박해지니까요. 그래도 조금 아쉽습니다. 안정적으로 살고 싶은 욕구는 인간의 당연한 본능이니 굳이 사명 삼지 않아도 됩니다. 어쩌면 그저 사명의 부재(不在)를 달리 표현한 것일지도 모르겠습니다.

노후 보장도 마찬가지입니다. 낚시와 여행을 즐기며 나이 드는 노년의 모습. 여유 있는 삶 좋지요. 한편으로는 부러운 것도 사실입니다. 하지만 최소 십수 년의 노년을 여유롭고 한가한 일상으로만 보낸다고 생각해 보세요. 마냥 행복하기만 할까요? 그게 정말 그리스도인에게 주어진 멋진 노후가 맞을까요?

먹고사는 것은 중요합니다. 정말, 정말, 정말 중요하지요. 생계는 살아가는 과정에서 반드시 해결해야 할 문제입니다. 하지만 말 그대로 '해결해야 할 문제'일 뿐, 궁극적인 목적은 아닙니다. 궁극적 목적으로 삼기에는 인간의 인생이 너무 심오하기 때문입니다. 하나님은 인간을 비전을 품는 존재로 만드셨어요. 우리 생각보다 우리가 훨씬 더 고차원적으로 설계됐다는 의미입니다. 그것이 동물과는 분명 다른 지점입니다.

1 내가 생각하는 '안정적인 삶'이란 무엇인가요?

2 하나님은 나를 통해 어떤 일을 이루기 원하실까요?

📖 묵상 노트

너희는 무엇을 먹을까 무엇을 마실까 하여

구하지 말며 근심하지도 말라

이 모든 것은 세상 백성들이 구하는 것이라

너희 아버지께서는 이런 것이

너희에게 있어야 할 것을 아시느니라

다만 너희는 그의 나라를 구하라

그리하면 이런 것들을 너희에게 더하시리라

누가복음 12:29~31

오직 당신 안에 머물러야만
진정한 안정을 누릴 수 있음을 고백합니다.
타성에 젖어 잠들어 버린 야성이 깨어나
하나님의 꿈을 위해 사용될 수 있도록
나를 다스려 주소서.

사명은 방향

나침반을 따라
끝까지 걷기

중요한 건 속도가 아닌 방향입니다.

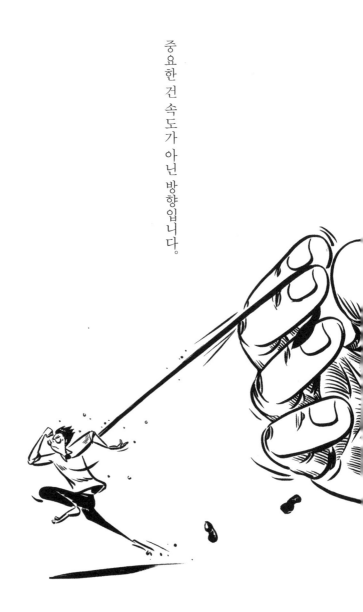

모세는 실패한 사명자입니다. 약속의 땅을 밟지 못하고 죽었기 때문입니다. 이스라엘 백성을 이끌고 이집트를 탈출, 홍해를 가르며 광야를 통과하기까지 무려 40년을 온전히 사명에 쏟아 부었건만 끝내 약속의 땅에 들어가지 못했습니다. 사명을 완수하지는 못한 것입니다. 오직 '성취'의 관점으로만 봤을 때 말입니다.

하지만 우리가 모세를 정말 그렇게 기억할까요? 그렇지 않습니다. 우리는 그를 위대한 사명자로 기억합니다. 그로 인해 수많은 이스라엘 백성이 약속의 땅을 밟았고, 무엇보다 그는 가나안 땅이 내려다보이는 맞은편 느보산에서 죽었습니다. 마지막 순간까지 '가나안'이라는 사명의 종착점을 향해 시선을 고정시킨 채 죽음을 맞이한 것입니다.

결국 사명의 관건은 성과나 성취가 아닌 '방향'입니다. 정상에 올라 깃발을 꽂는 것이 아닌 나침반을 따라 끝까지 걷는 것. 거창한 일을 성취하는 것은 그저 과정의 일부일 뿐입니다. 가는 과정에서 맛볼 수도, 맛보지 못할 수도 있습니다. 중요한 것은 올바른 방향을 설정하고 묵묵히 나아가는 것입니다.

1 하나님이 주신 나의 사명을 정리해 봅시다.

① 오늘의 사명

② 이번 주의 사명

③ 이번 달의 사명

오늘의
적용 / 실천

📖 묵상 노트

형제들아 나는 아직 내가 잡은 줄로 여기지 아니하고

오직 한 일 즉 뒤에 있는 것은 잊어버리고

앞에 있는 것을 잡으려고 푯대를 향하여

그리스도 예수 안에서 하나님이 위에서 부르신

부름의 상을 위하여 달려가노라

빌립보서 3:13~14

하나님.
남들보다 출발이 조금 늦더라도
정확한 방향을 향해 달려가게 하소서.
종착점이 아득해 보여도 푯대를 향하여 달음질을
멈추지 않게 하소서.

Day 27

제이슨 본

생업과 사명 사이

병사로 복무하는 자는
자기 생활에 얽매이는 자가 하나도 없나니
이는 병사로 모집한 자를 기쁘게 하려 함이라

- 디모데후서 2:4

호출기가 요란하게 울립니다. 피아노를 가르치던 선생님의 눈빛이 순간 매서워지지요. 호출을 확인하고는 아이를 향해 살짝 미소 지은 후 자리를 박차고 나갑니다. 잠시 뒤 지하철 사물함에 조용히 다가가 비밀번호를 누른 후 장비를 꺼내 들지요. 그렇게 갖춘 장비로 정보 수집, 도청, 요인 암살 등 중요 임무를 신속히 완수해 냅니다. 그리고는 아무 일 없었다는 듯 피아노 앞으로 돌아와 다시 아이들을 가르칩니다. 〈본 아이덴티티〉, 〈본 슈프리머시〉, 〈본 얼티메이텀〉의 '제이슨 본'이라는 비밀 요원이 기억을 잃은 후 정체성을 찾아가는 여정을 그린 첩보 액션물의 한 장면입니다.

화면 속 요원들의 모습이 인상적이었습니다. 교사, 점원, 사업가, 예술가 등…. 각기 생업을 가지고 있지만 본부의 호출이 떨어지면 생업을 내려놓고 즉시 임무에 착수했습니다. 그렇게 임무를 완수한 뒤 생업으로 돌아와 다시 평범한 생활을 영위했지요. 생업에 종사하지만, 그에 얽매이지 않고 임무를 완수하는 모습들. 어딘가 익숙합니다. 목축업자 아브라함, 지도자 다윗, 정치가 다니엘, 천막업자 바울 등등…. 알고 보니 성경에 가득했네요.

1 내가 다니엘이었다면(다니엘 6:6~10) 어떤 갈등을 했을까요?

2 그는 무엇 때문에 이런 결단을 내렸을까요?

오늘의
적용 / 실천

📖 묵상 노트

이에 총리들과 고관들이 모여 왕에게 나아가서

그에게 말하되 다리오 왕이여 만수무강하옵소서

나라의 모든 총리와 지사와 총독과 법관과 관원이 의논하고

왕에게 한 법률을 세우며 한 금령을 정하실 것을 구하나이다

왕이여 그것은 곧 이제부터 삼십 일 동안에 누구든지

왕 외의 어떤 신에게나 사람에게 무엇을 구하면

사자 굴에 던져 넣기로 한 것이니이다

그런즉 왕이여 원하건대 금령을 세우시고 그 조서에

왕의 도장을 찍어 메대와 바사의 고치지 아니하는

규례를 따라 그것을 다시 고치지 못하게 하옵소서 하매

이에 다리오 왕이 조서에 왕의 도장을 찍어 금령을 내니라

다니엘이 이 조서에 왕의 도장이 찍힌 것을 알고도

자기 집에 돌아가서는 윗방에 올라가 예루살렘으로 향한 창문을 열고

전에 하던 대로 하루 세 번씩 무릎을 꿇고 기도하며

그의 하나님께 감사하였더라

다니엘 6:6~10

혼자 하실 수 있음에도 동역하고자 하시는 하나님.
그 동역이 채무가 아닌 초대임을 이제야 깨닫습니다.
초대에 기꺼이 응하는 내가 되게 하소서.

Day 28

미니멀리스트

나그네 되어 가기

나그네의 홀가분함과 벗 삼은 고독.
약간의 수고와 비움의 자유.
지금 부르심을 따라가는 중입니다.

"미니멀리즘 시대가 오고 있다!"

어느 교양 프로그램의 제목입니다. 미니멀(Minimal)이란 사전적으로 '최소한'이란 의미를 담고 있지요. 미니멀리즘은 과도한 장식을 배제하고 절제된 표현을 추구하는 예술 양식을 의미합니다. 하지만 예술 양식을 넘어 생활 방식의 하나로 자리 잡고 있다지요. 최소한의 소비로 간결하고 절제된 생활을 하는 사람들, 그런 사람들을 '미니멀리스트(Minimalist)'라고 부른답니다. 멋진 표현 아닌가요? 미니멀리스트. 하나님의 부르심 따라 언제 어디로 떠날지 몰라 가구 하나 못 들인다며 투덜대는 아내에게 큰 소리칠 명분이 생겼기 때문입니다. "우린 궁상떠는 게 아니라 미니멀리스트로 살아가고 있는 거야!"

'부르심을 따르는 삶'이란 완벽한 타이밍과 촘촘한 계획으로 채워진 삶이 아니었습니다. 그보다는 우연으로 보이는 하나님의 섭리와 그 섭리에 반응하는 내 자유의지, 비어 있는 미래의 계획들이 느슨히 조화를 이루는 삶. 그것이 제가 정의한 '부르심을 따르는 삶'이었습니다. 그래서 세상이 제시하는 선명한 지도보다는 희미한 하나님의 나침반을 따라가려 노력했고 소유를 비우는 연습도 게을리하지 않았지요. 라이프 스타일을 더 가볍고 간결하게 다듬어 가는 중입니다. 선교적 미니멀리스트, '나그네'가 되어 가고 있기 때문입니다.

1 히브리서 11장 13절의 '이 사람들'은 누구이며,
어떤 삶을 살았습니까?

2 성벽 안의 삶 vs 유목민의 삶, 두 삶의 차이는 무엇인가요?

오늘의
적용 / 실천

📖 묵상 노트

이 사람들은 다 믿음을 따라 죽었으며

약속을 받지 못하였으되 그것들을 멀리서 보고 환영하며

또 땅에서는 외국인과 나그네임을 증언하였으니

히브리서 11:13

부르시는 곳이 어디든
망설이지 않고 가는 내가 되고 싶습니다.
당신에게 기꺼이 응답하기 위해 나의 인생을
간결하고 가볍게 다듬어 가게 하소서.

Day 29

만들며 가는 길

인도하신 이가
만들어 가신다

하나님이 길을 내십니다.

길이 없었습니다. '하나님께 영광 돌리는 삶!' 귀에 못이 박히도록 들었지만 나 같은 그림쟁이에게는 보이지 않는 길이었어요. 예술가의 길 자체가 막연한데, 기독교 미술을 한다는 것은 그 막연함 속에서 더 막막한 길로 들어서는 '짓'이었습니다.

말씀을 붙들기로 했어요. '네 그림이 누군가를 치유하는 약 재료가 될 것이다.' 에스겔서 47장 12절 말씀을 약속으로 받았거든요. 비록 현실은 도리어 나에게 약이 필요한 상황이었지만, 그래도 말씀을 붙들고 그림을 그려 나갔지요. 1년, 2년, 3년… 그렇게 17년. 실은 17년째인 지금도 여전히 막연합니다. 밀림을 헤쳐 나가는 것 같아요. 하지만 헤쳐 나온 숲을 돌아보니 어느새 길이 나 있고, 그사이 열 권이 넘는 그림책이 출간되었네요.

"기독교 출판 작가가 되려면 어떻게 해야 하나요?" 어느 애독자의 질문에 나름 정리해 본 답입니다. 모르겠어요. 정말 모르겠습니다. 작가가 되려고 한 적이 없어서 모르겠습니다. 알지 못하는 사명을 받아 어디로 가는지도 모른 채 열어 주시는 길을 좇아왔을 뿐입니다. 사명을 주신 이가 사명을 완성해 가셨어요. 이게 솔직한 내 답변입니다.

1 낮의 구름 기둥과 밤의 불기둥이 광야에서 했던 역할은 무엇입니까(출애굽기 13:21~22)?

2 최근 하나님의 인도를 느낀 경험이 있다면 나눠 봅시다.

오늘의
적용 / 실천

📖 묵상 노트

여호와께서 그들 앞에서 가시며

낮에는 구름 기둥으로 그들의 길을 인도하시고

밤에는 불기둥을 그들에게 비추사 낮이나 밤이나 진행하게 하시니

낮에는 구름 기둥, 밤에는 불기둥이 백성 앞에서 떠나지 아니하니라

출애굽기 13:21~22

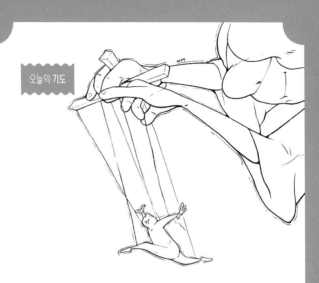

하나님.
내 인생, 과도하게 힘을 주기보다
오히려 힘을 빼고 당신께 맡기게 하소서.
오늘, 그렇게 맡기는 하루를 살게 하소서.

Day 30

도미노 연쇄 작용

하나가 넘어지면
전체가 넘어진다

하나님과의 관계가 무너지면 모든 것이 무너집니다.

'릴리 헤비쉬(Lily Hevesh)'는 도미노 아티스트입니다. 그녀의 유튜브 채널은 구독자 수가 무려 370만(2022년 8월 기준)에 달하고 누적 조회수도 15억 회 이상이지요. 현재 다양한 기업들과 협업하며 도미노 프로젝트를 연출하고 있습니다.

한 인터뷰에서 도미노의 매력이 무엇이냐고 묻자 '연쇄 작용'이라고 답하더군요. 한 개의 블록이 넘어지며 다음 블록을 넘어뜨리고 또 다음 블록을 넘어뜨리고 수만 개의 블록을 넘어뜨리는 연쇄 효과! 그 매력에 빠져 도미노 전문 연출가가 됐다고 대답했습니다.

신앙도 이와 같습니다. 첫 번째 블록이 넘어지면 전체가 넘어지는 연쇄 작용이 일어납니다. 그 첫 블록이 바로 '하나님과의 관계'지요. 이 관계가 바로 서면 모든 영역이 바로 세워지고 관계가 무너지면 모든 영역이 무너집니다. 대표적 인물이 '사울' 아닐까요? 하나님과의 관계를 무너뜨려 나라 전체를 악순환에 빠뜨린 지도자. 반대되는 인물은 '다윗'이겠네요. 하나님과의 관계를 바로 세워 이스라엘 전체를 하나로 통합한 지도자. 흥미롭게도 도미노(Domino)라는 단어는 라틴어 '도미누스(Dominus)'에서 유래됐답니다. '주님'이라는 말에서요.

1 오늘 하나님과 나의 관계는 어떻습니까?

2 무너진 부분이 있다면 어떻게 보수해야 할까요?

오늘의
적용 / 실천

📖 묵상 노트

사무엘이 죽는 날까지 사울을 다시 가서 보지 아니하였으니

이는 그가 사울을 위하여 슬퍼함이었고

여호와께서는 사울을 이스라엘 왕으로 삼으신 것을 후회하셨더라

사무엘상 15:35

예수께서 이르시되

네 마음을 다하고 목숨을 다하고 뜻을 다하여

주 너의 하나님을 사랑하라 하셨으니

이것이 크고 첫째 되는 계명이요

마태복음 22:37~38

하나님.
당신은 내 인생의 중요한 일부가 아닙니다.
내 인생의 전부입니다.
그 사실을 잊지 않는 하루가 되게 하소서.

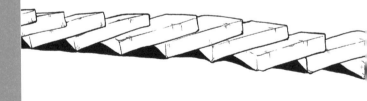

행여나
당신과의 관계가 일부 무너졌어도
회복하시는 예수님을 바라봅니다.
그 예수님을 의지합니다.

에필로그

이주윤 작가의 책『팔리는 작가가 되겠어, 계속 쓰는 삶을 위해』
(드렁큰 에디터)는 작가 본인의 '출세욕'을 소재로 다루고 있습니다.
자신의 욕망을 진솔히 드러낸 작가의 글을 혼자 피식거리며 앉
은 자리에서 다 읽은 기억이 생생하네요. 저 역시 출세욕만큼은
둘째가라면 서러울 만큼 대단하기 때문입니다.

물론 드러내 놓고 말하진 않습니다. 식지 않는 인기와 궁전 같
은 집을 원하는 게 아니라고. 그저 책과 그림으로 먹고살 수 있
기를 바라는 것뿐이라며 소박한 듯 말하지요. 하지만 작가라면
다 압니다. 예술계에서 그 정도 입지는 제법 출세해야만 이룰
수 있다는 것을.

이런 제가 수년 전부터 한 가지 프로젝트를 진행하기 시작했습
니다. '한 사람을 위한 그림' 프로젝트가 바로 그것입니다. 한 영
혼이 천하보다 귀하다는 예수님의 말씀이 가슴에 꽂혀 예술가
로써 적용해 보고 있는 실험입니다. 하지만 프로젝트의 타이틀
만 그럴듯할 뿐 실상 치명적인 문제점을 안고 있습니다. 한 작
품으로 다수의 공감과 사랑을 얻어야 먹고살 수 있는 예술계의

기준에 정면으로 반하고 있기 때문입니다. 수많은 이에게 사랑과 공감을 얻어 내도 먹고살 수 있을지 없을지 알 수 없는 마당에 한 사람을 위한 그림이라니요. 출세는 고사하고 기초 생계조차 보장할 수 없는 위험천만한 프로젝트일 뿐입니다.

그래서 고민을 거듭합니다. '언제까지 이 작업을 진행할 것인가? 어느 정도까지 완성도를 높일 것이며 얼마간 지속할 수 있을까?' 치열하게 고민하는 가운데 혼자 울고 웃으며 찬양하다 갑자기 분도 냅니다. 마치 실성한 사람처럼 그림을 그리는 한 평 남짓한 작업실 책상은 저만의 영적 전쟁터이자 치열한 생존의 현장이지요. 그럼에도 불구하고 이 프로젝트를 진행하면 할수록 한 가지 분명하게 느껴지는 점이 있습니다. 그것은 하나님께서 이 고민의 과정을 꽤나 '즐기고 계신다'는 점.

고민 속에서 질문을 거듭할 때에는 정작 침묵하십니다. 아무 응답도 없어요. 하지만 고민하지 않을 때는 다양한 경로를 통해 경고가 담긴 메시지들이 비수처럼 날아옵니다. 결국 하나님은 내가 고민의 결론을 어떻게 내리느냐와 무관하게 고민하는 나의 모습과 이런 과정 자체를 즐기고 계신 것이 분명합니다.

왜 그러시는 걸까요? 하나님은 가학적인 분인 걸까요? 부족한 저의 분석이 맞다면 고민하는 과정에는 어떤 중요한 의미가 담겨 있어 보입니다. 고민한다는 것은 의식한다는 것이고 의식한다는 것은 그 존재를 깊이 염두에 두고 있다는 뜻이기 때문입니다. 작은 일부터 큰 일까지 끊임없이 어떤 존재를 의식하고 염두에 두는 상태, 어쩌면 그 상태를 '경외함'이라 표현하는 것은 아닐지요. 그게 맞다면 저는 앞으로도 계속 고민의 끈을 놓을 수 없습니다. 하나님을 모르는 사람들은 결코 할 필요가 없는 고민을. 굳이 사서, 혹은 심사숙고해 가며….

저만 괴로울 수는 없습니다. 여러분께도 유혹(?)의 손길을 내밀어 봅니다. 고민의 세계로 함께 들어가 보시죠. 관성에 젖어 지내 온 일터와 일상에서 새로운 고민을 시작하는 삶. 끊임없이 고민하다 보면 어느새 서서히 녹아드는 소금 같은 일상을 사는 자신을 발견하게 될 것입니다. 그리고 그 모습을 목격하는 것이 어쩌면 소금이 누리는 가장 큰 영예일지도 모릅니다. 물질이나 직분보다.

그리스도인의
선교적 삶

반복된 일상, 선교적 가치를 찾는 10분

개정판 1쇄 발행 2022년 9월 30일
초판 1쇄 발행 2010년 12월 15일

글 · 그림 석용욱

발행인 오연희
편집자 박혜민
디자인 김석범

펴낸곳 처음과 나중
등록 제2012-000032호
주소 서울시 서대문구 응암로28 3동 701호
이메일 books9191@naver.com
ISBN 978-89-98073-11-4
값 12,000원